Klett

Hallo! Ich lerne Deutsch mit Bildern

Übungen mit Wimmelbildern für Deutsch als Zweitsprache

Grundschule

von Ursula Huber

Ursula Huber hat in Freiburg Germanistik und Italianistik studiert und ist seit über 13 Jahren als DaF-/DaZ-Dozentin im In- und Ausland tätig. Sie arbeitet für das BAMF und International House World als Sprachlehrer-Ausbilderin und für das Goethe-Institut als Autorin. Sie ist spezialisiert auf Alphabetisierung und arbeitet aktuell an einer Berliner Grundschule mit Flüchtlingskindern.

Bibliografische Information der Deutschen Nationalbibliothek
Die Deutsche Nationalbibliothek verzeichnet diese Publikation in der Deutschen Nationalbibliografie; detaillierte bibliografische Daten sind im Internet über http://dnb.dnb.de abrufbar.

1. Auflage 2016

Dieses Werk folgt der neuesten Rechtschreibung und Zeichensetzung.

www.klett-lerntraining.de
Teamleitung Grundschule und Kinderbuch: Susanne Schulz
Redaktion: Sandra Meyer
Umschlaggestaltung und Innenlayout: Sabine Kaufmann, Stuttgart
Illustrationen: Wimmelbilder von Alexa Riemann, Hattingen: S. 4–31
Anja Goossens, Aachen: S. 7, 17, 19, 31; Birgit Tanck, Hamburg: S. 3–5, 7, 9, 11, 13, 15, 17, 19, 21, 23, 25, 27
Satz: tebitron gmbh, Gerlingen
Druck: AZ Druck- und Datentechnik GmbH, Kempten
Printed in Germany
ISBN 978-3-12-949382-3

Ein Arbeitsheft für alle – auch ohne Vorkenntnisse!

Deutsch als Zweitsprache in Vorbereitungsklassen

„Hallo! Ich lerne Deutsch mit Bildern" wurde extra für den DaZ-Unterricht mit Grundschulkindern in Vorbereitungsklassen entwickelt. Da das Sprachniveau der Kinder sehr unterschiedlich ist, müssen Unterrichtsmaterialien für diese spezielle Situation besondere Anforderungen erfüllen. Sie sollen zum einen **Gesprächsanlässe** schaffen. Zum anderen sollen sie alle Kinder trotz unterschiedlicher Deutsch-Kenntnisse zur **aktiven Beschäftigung** mit den Themen und zum **selbstständigen Arbeiten** motivieren. Denn nur so kann die Lehrperson eine Gruppe von Kindern gleichzeitig unterrichten.

Gesprächsanlässe schaffen – Deutsch lernen mit Bildern!

Im vorliegenden Arbeitsheft dreht sich deshalb alles um großflächige, detailreiche Wimmelbilder und genau darauf abgestimmte Übungen. Denn Wimmelbilder oder **„Erzählbilder"** motivieren Kinder zum Sprechen. Spannende, lustige oder einfach bereits bekannte Dinge aus dem Alltag der Kinder eröffnen das Gespräch mit dem Unterrichtenden und untereinander.

Gleichzeitig sind Bilder ein geeignetes Arbeitsmaterial für Kinder, die noch gar kein Deutsch sprechen. Gekoppelt mit **selbsterklärenden Übungen**, die sich auf das jeweilige Bild beziehen, rein visuell sind und ganz auf Sprache verzichten, motivieren sie zur aktiven Beschäftigung mit dem jeweiligen Thema. Auf diese Weise ermöglichen sie Kindern einen ersten Zugang zur neuen Sprache und regen zum Erzählen und Lernen an.

Extra: Alle Bilder gibt es auf www.klett-lerntraining.de auch als Download. So können die Bilder im Unterricht an die Wand projiziert werden und auf diese Weise die gesamte Klasse zum gemeinsamen Entdecken und Erzählen anregen.

Inhalt

Das bedeuten die unterschiedlichen Zeichen:

einkreisen

durchstreichen

schreiben und nachfahren

malen

Was muss der Schüler in den einzelnen Übungen machen?

Übung 1 – Die Gegenstände und Personen links neben dem Bild sollen im Wimmelbild gesucht und rot eingekreist werden.

Übung 2 – Die aufgeführten Gegenstände und Personen stammen nur zum Teil aus dem Wimmelbild – diese soll der Schüler blau einkreisen. Alle anderen soll er blau durchstreichen.

Übung 3 – Hier soll der Schüler die vorgestellten Buchstaben in die Schreiblinien schreiben.

Übung 4 – Der Schüler soll Dinge in der angegebenen Farbe im Bild suchen und in den Kasten malen.

Übung 5 – Pro Seite werden drei Wörter vorgegeben. Die Wörter sind immer zum Nachfahren extra für Kinder ohne Vorkenntnisse im Schreiben.
Die passenden Bilder können ausgemalt werden.

Hier stehen auf das jeweilige Bild abgestimmte **Fragen** für das **Gespräch** zwischen Unterrichtendem und Schüler.

1

2

3

S s

S

s

4

blau

5

die Blume

der Fisch

der Hund

- Wo ist der Hund?
- Wo ist der Ball?
- Wo ist die Sonne?
- Was machen die Kinder?
- Was spielst du gerne?
- Wer sagt das?

?

Das ist ein Bagger.

1

2

3

O o

O

o

4

gelb

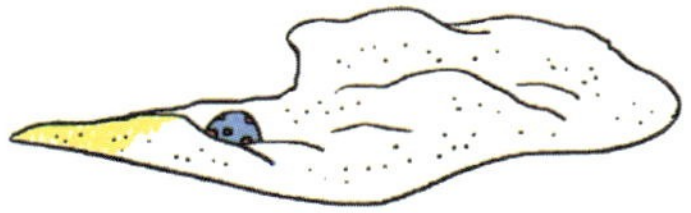

5

der Vogel

die Bank

das Kind

- Wo ist ein Teller?
- Wo ist eine Katze?
- Wo ist ein Vogel?
- Welche Tiere siehst du noch?
- Was ist dein Lieblingstier?
- Wer sagt das?

? Aua!

1

HIER ENTSTEHT
FERTIGSTELLUNG IM WINTER
HUBERT
ABC D 123
GITTER
ZIEGEL
ZIEGEL

2

3

B b

B

b

4

rot

- Wo ist der Bagger?
- Wo ist der Kran?
- Wo sind die Toiletten?
- Was bauen die Männer?
- Wo wohnst du?
- Wer sagt das?

? Komm zurück!

5

der Helm

die Frau

die Katze

1

BROT & GEBÄCK
KÄSE & WURST
MILCHPRODUKTE
GETRÄNKE
SOMMER AKTION
TOP ANGEBOT
NEU
GRILL
1

2

3

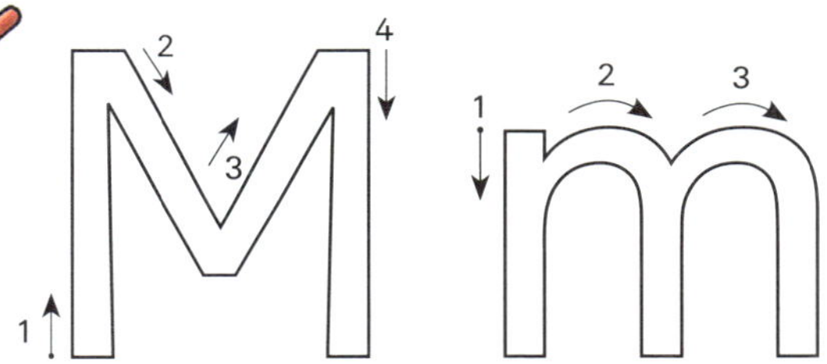

4

rosa

5

der Käse die Wurst das Eis

- Wer kauft eine Melone?
- Wer trägt ein Krokodil?
- Wer möchte ein Eis?
- Was kaufen die Menschen?
- Was isst du gerne?
- Wer sagt das?

1

2

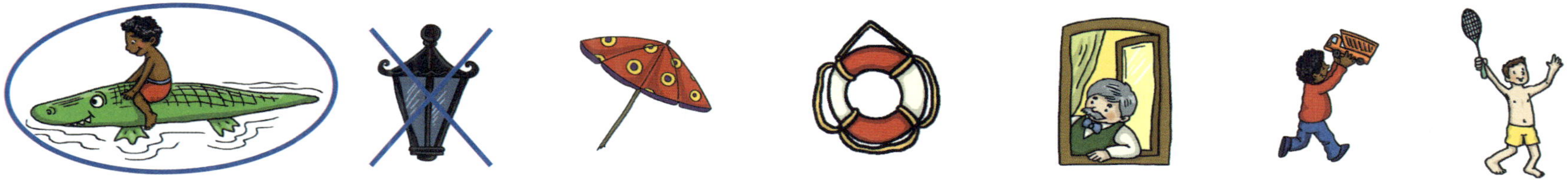

3

H h

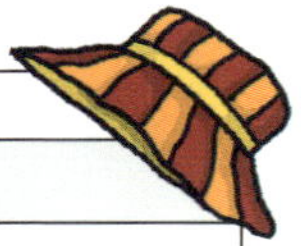

H

h

4

braun

5

das Schiff

die Limo

die Decke

- Wer schwimmt?
- Wer spielt?
- Wer liest?
- Was machen die Menschen am Kiosk?
- Was machst du gerne im Sommer?
- Wer sagt das?

?

Ich möchte bitte Pommes.

1

EISBÄREN
SCHILDKRÖTEN
KROKODILE
PAPAGEIENHAUS
EIS
OBST
LIMO
SAFT
SOUVENIERS

2

3

A a

A

a

4

grau

5

der Löwe das Zebra der Affe

- Was macht der Opa?
- Wer fotografiert?
- Wo ist der kleine Elefant?
- Warum weint das kleine Mädchen?
- Welche Tiere gefallen dir am besten?
- Wer sagt das?

?

Schau mal, ein Löwe!

1

2

3

l

i

4

orange

5

der Salat

die Ente

die Sonne

- Wo sind Äpfel?
- Wo sind Beeren?
- Was siehst du noch auf dem Feld?
- Was fliegt am Himmel?
- Welches Obst magst du?
- Wer sagt das?

? Für dich.

1

2

3

E e

E

e

4

weiß

- Wo sind die Eier?
- Wo sind die Enten?
- Wo ist die Milch?
- Was machen die Schweine?
- Welches Tier möchtest du gerne streicheln?
- Wer sagt das?

?

Hier sind noch zwei Eier.

5

das Schwein

der Esel

die Gans

1

2

3

4

grün

5

das Reh

die Eule

die Leiter

- Wer spielt Gitarre?
- Wer sammelt Kastanien?
- Wer sägt?
- Was machen die Kinder im Kreis?
- Was singst du gerne?
- Wer sagt das?

1

ZOO
AQUARIUM

WIR MACHEN SAUBER

WIR MACHEN SAUBER
NEUERÖFFNUNG
NEUERÖFFNUNG
Wolle
Wolle
HOFLADEN
TAXI
BESTES GEMÜSE VOM HOF
ZOO
AQUARIUM
FEST
POLIZEI
AB-CD 890
112
RETTUNGSWAGEN
Milch

2

3

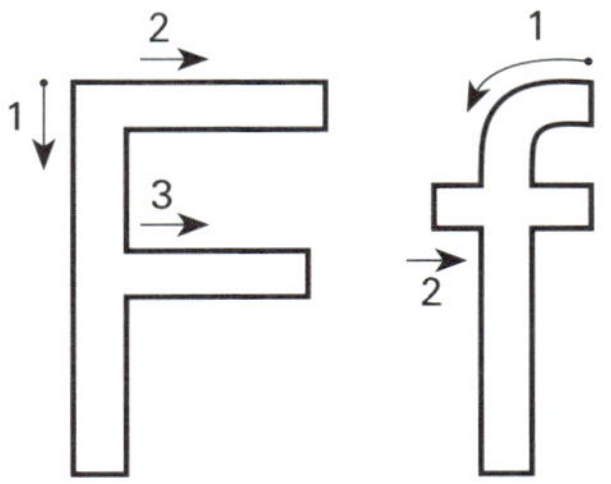

F

f

4

schwarz

5

die Ampel

das Auto

das Fahrrad

- Wer fährt Motorrad?
- Wer fährt Fahrrad?
- Wer geht über die Straße?
- Was machen die Menschen am Bus?
- Was machst du in der Stadt?
- Wer sagt das?

?

Stopp! Warten!

1

HEISSE SCHOKOLADE
TEE
KAFFEE
SUPPE
KUCHEN
WAFFELN
WÜRSTCHEN

2

3

T t

T

t

4

grün

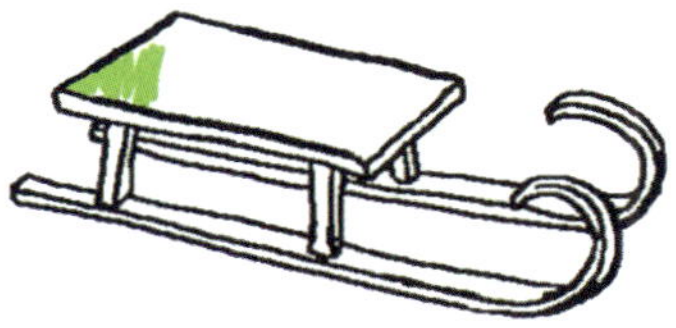

5

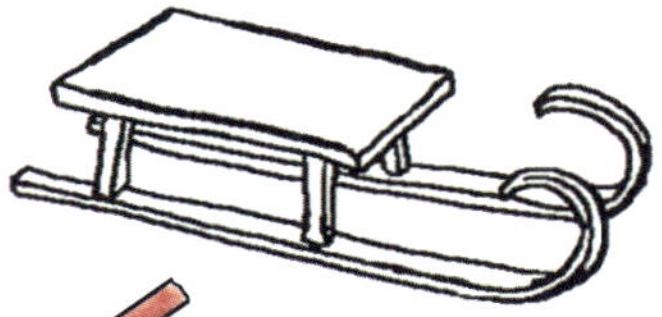

der Schlitten

der Ast

die Tasse

- Wer fährt Schlitt-schuh?
- Wer baut einen Schneemann?
- Wer liegt im Schnee?
- Was ist mit dem Wasser passiert?
- Was spielst du gerne im Winter?
- Wer sagt das?

? Komm, ich helfe dir.

1

RATHAU
RATHAUS LOTTERIE
WIR SAMMELN SPENDEN FÜR DEN ZOO
Kerzen
WÜRSTCHEN
Wolle
STÄDTISCHER KINDERGARTEN
SÜSSWAREN
SPIELZEUG
HOFLADEN

2

3

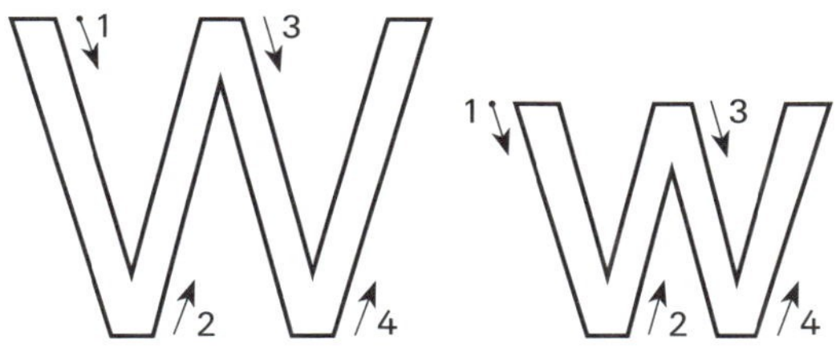

4

gelb

5

der Stern die Laterne das Geschenk

- Wo gibt es Essen?
- Wo gibt es Spielzeug?
- Wer spielt Flöte?
- Was macht der Weihnachtsmann?
- Was wünschst du dir zu Weihnachten?
- Wer sagt das?

	die Blume		der Fisch		der Hund		der Ball
	der Vogel		die Bank		das Kind		der Baum
	der Helm		die Frau		die Katze		das Rad
	der Käse		die Wurst		das Eis		der Korb
	das Schiff		die Limo		die Decke		der Hut
	der Löwe		das Zebra		der Affe	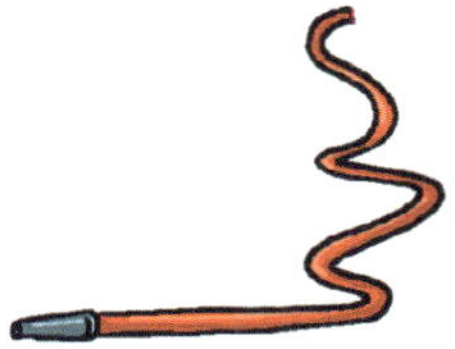	der Schlauch

	der Salat		die Ente		die Sonne		der Igel
	das Schwein		der Esel		die Gans		die Schubkarre
	das Reh		die Eule		die Leiter		das Spinnennetz
	die Ampel		das Auto		das Fahrrad		der Roller
	der Schlitten		der Ast		die Tasse		das Iglu
	der Stern	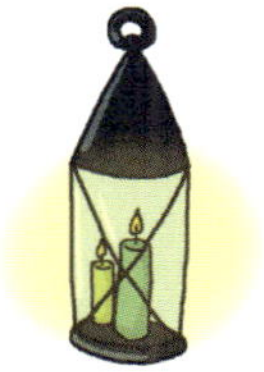	die Laterne		das Geschenk		das Fenster